To.

너는 나의

기쁨이요 자랑이란다.

From.하나님

어린이 잠언 한 달 쓰기

엮은이 | 두란노 편집부
초판 발행 | 2021. 7. 21
개정판 1쇄 | 2022. 8. 12
      3쇄 | 2024. 2. 14
등록번호 | 제1988-000080호
등록된 곳 | 서울특별시 용산구 서빙고로65길 38
발행처 | 사단법인 두란노서원
영업부 | 2078-3352   FAX | 080-749-3705
출판부 | 2078-3331

책값은 뒤표지에 있습니다.
ISBN 978-89-531-4309-8 04230
      978-89-531-3859-9(세트)

독자의 의견을 기다립니다.
tpress@duranno.com   www.duranno.com

《어린이 잠언 한 달 쓰기》에 쓰인 성경 구절의 한글 번역본은 개역개정,
영어 번역본은 New Living Translation(NLT)입니다.

본서에 사용한 「성경전서 개역개정판(잠언)」에 대한 저작권은
재단법인 대한성서공회 소유이며 재단법인 대한성서공회의 허락을 받고 사용하였습니다.

두란노서원은 바울 사도가 3차 전도여행 때 에베소에서 성령 받은 제자들을 따로 세워 하나님의 말씀으로 양육하던 장소입니다. 사도행전 19장 8-20절의 정신에 따라 첫째 목회자를 돕는 사역과 평신도를 훈련시키는 사역, 둘째 세계선교(TIM)와 문서선교 (단행본·잡지) 사역, 셋째 예수문화 및 경배와 찬양 사역, 그리고 가정·상담 사역 등을 감당하고 있습니다. 1980년 12월 22일에 창립된 두란노서원은 주님 오실 때까지 이 사역들을 계속할 것입니다.

66 어린이
잠언 한 달 쓰기

삶의 지혜를 알려 주는 31개 핵심 구절

두란노

목차

잠언은 지혜를 알게 하고, 어리석은 사람을 슬기롭게 하며, 지혜롭고 멋진 삶을 살도록 돕는 데 목적이 있습니다. 잠언은 하나님의 사람으로 성장하도록 인도하는 내비게이션 같은 책이에요.

살다 보면 무언가를 선택해야 할 때가 많아요. 잠언 말씀은 부모님에게 화났을 때, 친구와 싸웠을 때, 학교에 가기 싫어 고민될 때 등의 상황에서 어떤 선택을 해야 하나님 앞에서 지혜롭게 살아갈 수 있는지 알려 준답니다.

잠언을 지은 사람으로는 솔로몬, 아굴, 무명의 지혜자들이 있답니다. 그중 솔로몬이 잠언의 대부분을 썼어요. 솔로몬은 당대에 가장 지혜로운 사람이었고, 3천 편이나 되는 잠언을 지은 대단한 왕이었어요. 그렇게 지혜로운 사람이 남긴 글을 가까이하면서 읽고 마음에 새긴다면 우리는 훨씬 더 지혜롭게 살 수 있겠지요?

잠언에서 가장 중요한 단어는 '지혜'예요. 지혜가 무엇일까요? 먼저 하나님을 사랑하는 거예요. 그리고 하나님이 좋아하는 것을 나도 좋아하고, 하나님이 싫어하시는 것을 나도 싫어하는 거예요. "여호와를 경외하는 것이 지혜의 근본이요"(잠 9:10)라고 했어요. 하나님을 경외하며 그분의 말씀을 따른다면 삶에서 여러 문제를 만나도 지혜로 이겨낼 수 있어요. 다른 무엇보다 하나님과 친해지는 우리 친구들이 되길 바라요.

《어린이 잠언 한 달 쓰기》는 하루 하나씩 31개 말씀을 뽑아서 엮었어요. 매일 하나씩 읽고 구절을 따라 쓰면서 외울 수 있도록 했습니다. 따라 쓰기와 암송을 함께하면 하나님 말씀을 마음속에 깊이 새길 수 있을 거예요. 말씀을 새기고 실천하는 건 쉽지 않아요. 그래도 그 도전을 이루어 냈을 때는 멋진 보상을 받게 된답니다. 날마다 말씀을 통해 하나님의 자녀로 한 뼘씩 자라가길 바라요.

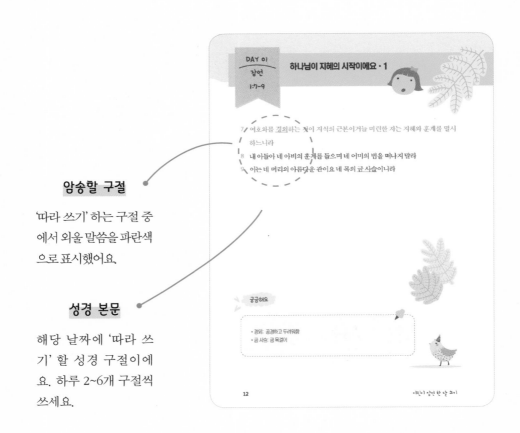

암송할 구절

'따라 쓰기' 하는 구절 중
에서 외울 말씀을 파란색
으로 표시했어요.

성경 본문

해당 날짜에 '따라 쓰
기' 할 성경 구절이에
요. 하루 2~6개 구절씩
쓰세요.

DAY 01
잠언
1:7~9

하나님이 지혜의 시작이에요 · 1

7 여호와를 경외하는 것이 지식의 근본이거늘 미련한 자는 지혜와 훈계를 멸시
하느니라
8 내 아들아 네 아비의 훈계를 들으며 네 어미의 법을 떠나지 말라
9 이는 네 머리의 아름다운 관이요 네 목의 금 사슬이니라

궁금해요

· 경외: 공경하고 두려워함
· 금 사슬: 금 목걸이

12

말씀 따라 쓰기

성경 본문을 먼저 읽고 나서 한 글자씩 따라 쓰세요.

말씀 따라 쓰기

년   월   일

13

말씀 배경 알아보기

오늘 따라 쓴 잠언에 관한 간단한 설명을 살펴보세요.

외워 보기

'따라 쓰기' 한 구절 중에서 핵심 구절을 외워 보세요. 영어로 쓰인 구절을 함께 읽으면 더 좋겠죠!

따라 쓰면서 외우기

암송 구절을 예쁜 글씨체로 따라 쓰면서 외울 수 있어요.

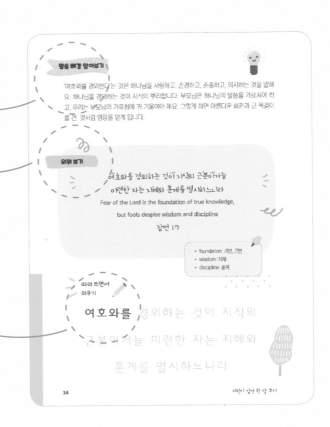

칭찬 포도나무

매일 '쓰기와 외우기'를 하고 나면, 이 책 뒤에 있는 칭찬 포도나무에 스티커를 붙여 주세요..

할 수 있다! 외워서 써 보기

점점 어려워진다고요? 인생은 도 전이에요! 이번엔 보지 않고, 외워 서 써 보세요. 생각보다 잘 외우고 있을걸요!

말씀으로 기도하기

말씀을 따라 쓰고, 외우고 난 뒤에 는 기도로 마무리해요. 어렵지 않 아요. 한 줄 기도를 따라 하다 보면, 기도하는 법을 배우게 된답니다.

말씀 익히기

다양한 활동을 재미있게 하면서 말씀을 다시 한 번 기억해 보세요. 자유롭게 그림을 그리거나 도안을 예쁘게 색칠하다 보면 창의력도 절로 솟아날 거예요.

암송 구절 31개

매일 암송하는 31개 구절을 예쁜 카드로 만들었어요. 오려서 갖고 다니며 마음에 새겨 보세요.

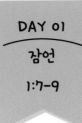

하나님이 지혜의 시작이에요 · 1

7 여호와를 경외하는 것이 지식의 근본이거늘 미련한 자는 지혜와 훈계를 멸시

하느니라

8 내 아들아 네 아비의 훈계를 들으며 네 어미의 법을 떠나지 말라

9 이는 네 머리의 아름다운 관이요 네 목의 금 사슬이니라

궁금해요

- 경외: 공경하고 두려워함
- 금 사슬: 금 목걸이

년   월   일

'여호와를 경외한다'는 것은 하나님을 사랑하고, 존경하고, 순종하고, 의지하는 것을 말해요. 하나님을 경외하는 것이 지식의 뿌리랍니다. 부모님은 하나님의 말씀을 가르쳐야 하고, 우리는 부모님의 가르침에 귀 기울여야 해요. 그렇게 하면 아름다운 화관과 금 목걸이를 건 것처럼 영광을 얻게 됩니다.

외워 보기

여호와를 경외하는 것이 지식의 근본이거늘
미련한 자는 지혜와 훈계를 멸시하느니라

Fear of the Lord is the foundation of true knowledge,

but fools despise wisdom and discipline

잠언 1:7

- foundation: 기반, 근본
- wisdom: 지혜
- discipline: 훈계

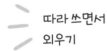 따라 쓰면서
외우기

여호와를 경외하는 것이 지식의

근본이거늘 미련한 자는 지혜와

훈계를 멸시하느니라

할 수 있다! 외워서 써 보기 ✏️

_____

_____

_____

말씀으로 기도하기

하나님을 경외하는 사람이 하나님 보시기에 최고의 지혜자임을 알게 되었어요. 하나님을 경외하는 믿음의 사람이 되게 해 주세요. 예수님 이름으로 기도합니다. 아멘.

말씀 익히기   다음 열차 빈칸에 잠언 1장 7-9절을 완성해 보세요.

① 여호와를 **ㄱㅇ**하는 것이
② 지식의 **ㄱㅂ**이거늘
③ 미련한 자는 **ㅈㅎ**와 훈계를 멸시하느니라
④ 내 아들아 네 아비의 **ㅎㄱ**를 들으며
⑤ 네 어미의 **ㅂ**을 떠나지 말라
⑥ 이는 네 머리의 아름다운 관이요 네 목의 **ㄱ ㅅㅅ**이니라

15

DAY 02
잠언
2:6-10

하나님이 지혜의 시작이에요 · 2

6 대저 여호와는 지혜를 주시며 지식과 명철을 그 입에서 내심이며

7 그는 정직한 자를 위하여 완전한 지혜를 예비하시며 행실이 온전한 자에게 방

   패가 되시나니

8 대저 그는 정의의 길을 보호하시며 그의 성도들의 길을 보전하려 하심이니라

9 그런즉 네가 공의와 정의와 정직 곧 모든 선한 길을 깨달을 것이라

10 곧 지혜가 네 마음에 들어가며 지식이 네 영혼을 즐겁게 할 것이요

궁금해요

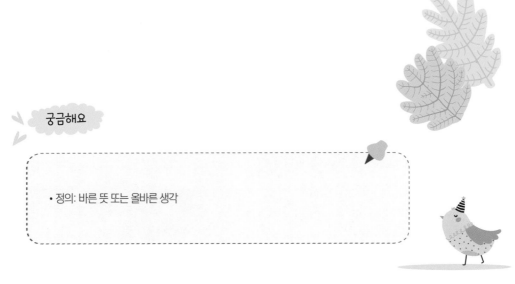

• 정의: 바른 뜻 또는 올바른 생각

어린이 잠언 한 달 쓰기

년   월   일

말씀 배경 알아보기

지혜는 우리가 얻는 것이 아니라 '좋은 마음과 좋은 태도'를 가진 사람에게 하나님이 주시는 선물입니다. 좋은 마음과 좋은 태도는 하나님 말씀에 귀 기울이고 사모하는 자세예요. 하나님은 정직한 사람, 하나님을 사랑하며 바르게 사는 사람을 보살펴 주신답니다.

외워 보기

대저 여호와는 지혜를 주시며 지식과 명철을 그 입에서 내심이며

For the Lord grants wisdom!

From his mouth come knowledge and understanding

잠언 2:6

• grant: ~을 주다

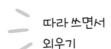

따라 쓰면서
외우기

대 저 여호와는 지혜를 주시며 지식과

명철을 그 입에서 내심이며

할 수 있다! 외워서 써 보기 ✏️

_____

_____

말씀으로 기도하기

하나님, 저에게 지혜와 지식과 명철을 주세요. 주님이 기뻐하시는 좋은 태도와 마음가짐으로 제 영혼이 즐겁기를 원합니다. 예수님 이름으로 기도합니다. 아멘.

말씀 익히기

가로세로 퍼즐을 맞춰 잠언 2장 6-10절 말씀을 완성해 보세요.

1			2		
		2			
					3
			3		

가로 열쇠

1. 대저 여호와는 **ㅈㅎ**를 주시며 (6절)

2. 그는 정직한 자를 위하여 **ㅇㅈㅎ** 지혜를 예비하시며 (7절)

3. 대저 그는 **ㅈㅇ**의 길을 보호하시며 (8절)

세로 열쇠

1. **ㅈㅅ**이 네 영혼을 즐겁게 할 것이요 (10절)

2. 행실이 **ㅇㅈㅎ** 자에게 방패가 되시나니 (7절)

3. 네가 **ㄱㅇ**와 정의와 정직 곧 모든 선한 길을 깨달을 것이라 (9절)

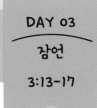
하나님이 지혜의 시작이에요 · 3

13 지혜를 얻은 자와 명철을 얻은 자는 복이 있나니

14 이는 지혜를 얻는 것이 은을 얻는 것보다 낫고 그 이익이 정금보다 나음이니라

15 지혜는 진주보다 귀하니 네가 <u>사모하는</u> 모든 것으로도 이에 비교할 수 없도다

16 그의 오른손에는 장수가 있고 그의 왼손에는 부귀가 있나니

17 그 길은 즐거운 길이요 그의 지름길은 다 평강이니라

궁금해요

• 사모하다: 마음에 두고 애틋하게 생각하며 그리워하다

말씀 따라 쓰기

년   월   일

말씀 배경 알아보기

지혜와 명철(슬기)은 세상에서 가장 비싼 보석보다 훨씬 값져요. 생명이 귀한 것처럼, 지혜와 명철을 소유하는 것도 귀하답니다. 지혜의 길은 즐겁고 명철의 길에는 기쁨이 가득합니다.

외워 보기

지혜는 진주보다 귀하니 네가 사모하는 모든 것으로도
이에 비교할 수 없도다

Wisdom is more precious than rubies;
nothing you desire can compare with her

잠언 3:15

• precious: 소중한, 귀중한
• compare: 비교하다

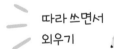

따라 쓰면서
외우기

지혜는 진주보다 귀하니 네가 사모하는

모든 것으로도 이에 비교할 수 없도다

할 수 있다! 외워서 써 보기 ✏

_____

_____

말씀으로 기도하기

지혜와 명철을 얻는 것이 어떤 보물을 얻는 것보다 귀하니, 지혜와 명철 얻기를 사모하고 귀히 여기게 해 주세요. 예수님 이름으로 기도합니다. 아멘.

말씀 익히기

다음 [보기]에서 답을 찾아 빈칸을 채워 보세요.

♪♫

지혜는 □□보다 귀하니 네가 □□하는 모든
것으로도 이에 □□할 수 없도다 (잠언 3:15)

보기

루비　　사파이어　　연모　　사모　　경외

비교　　찬스　　비유　　진주

DAY 04
잠언
8:12-16

하나님이 지혜의 시작이에요 · 4

12 나 지혜는 명철로 주소를 삼으며 지식과 근신을 찾아 얻나니

13 여호와를 경외하는 것은 악을 미워하는 것이라 나는 교만과 <u>거만</u>과 악한 행

실과 <u>패역한</u> 입을 미워하느니라

14 내게는 계략과 참 지식이 있으며 나는 명철이라 내게 능력이 있으므로

15 나로 말미암아 왕들이 치리하며 방백들이 공의를 세우며

16 나로 말미암아 재상과 존귀한 자 곧 모든 의로운 재판관들이 다스리느니라

궁금해요

• 거만: 잘난 체하며 남을 업신여기는 건방진 태도
• 패역하다: 도리에 어긋나고 순리를 거스르다

어린이 잠언 한 달 쓰기

년   월   일

말씀 배경 알아보기

지혜를 가진 사람은 명철과 지식과 분별력이 생겨요. 또한 지혜자는 교만과 거만과 악한 행실과 거짓된 말을 미워합니다. 이는 지혜자가 여호와를 경외하기 때문이에요. 하나님의 지혜로 말미암아 왕과 고관들과 재상과 존귀한 자가 잘 다스릴 수 있습니다.

외워 보기

여호와를 경외하는 것은 악을 미워하는 것이라
나는 교만과 거만과 악한 행실과 패역한 입을 미워하느니라

All who fear the Lord will hate evil. Therefore, I hate pride
and arrogance, corruption and perverse speech

잠언 8:13

- arrogance: 거만, 자만
- corruption: 비리, 부정
- perverse: 사악한

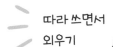

따라 쓰면서
외우기

여호와를 경외하는 것은 악을 미워하는

것이라 나는 교만과 거만과 악한

행실과 패역한 입을 미워하느니라

어린이 잠언 한 달 쓰기

할 수 있다! 외워서 써 보기 ✏

_____

_____

_____

말씀으로 기도하기

지혜를 소유하여 명철과 지식과 분별력을 얻기 원합니다. 그리고 악한 것들을 피하고 미워하는 제가 되게 해 주세요. 예수님 이름으로 기도합니다. 아멘.

말씀 익히기 다음 [보기]에서 답을 찾아 열차의 빈칸을 왼쪽부터 채워 보세요.

여호와를 ○○하는 것은 악을 미워하는 것이라
나는 ○○과 거만과 악한 행실과 ○○한 입을 미워하느니라

보기   경외   사랑   교만   자랑   패역   정직

잠언 8:13

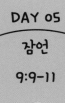

하나님이 지혜의 시작이에요 · 5

9   지혜 있는 자에게 교훈을 더하라 그가 더욱 지혜로워질 것이요 의로운 사람을
    가르치라 그의 학식이 더하리라

10 여호와를 경외하는 것이 지혜의 근본이요 거룩하신 자를 아는 것이 명철이니라

11 나 지혜로 말미암아 네 날이 많아질 것이요 네 생명의 해가 네게 더하리라

궁금해요

• 학식: 1) 학문을 쌓다. 2) 배워서 얻은 지식

말씀 따라 쓰기

년   월   일

말씀 배경 알아보기

지혜로운 사람은 기꺼이 배우려고 합니다. 지혜가 더해져 더욱 지혜롭고 의로워진답니다.
하나님과 바른 관계에 있을 때 지혜가 쑥쑥 자라요. 여호와를 경외하는 사람이 지혜롭고,
거룩한 분을 아는 사람이 명철합니다.

외워 보기

여호와를 경외하는 것이 지혜의 근본이요
거룩하신 자를 아는 것이 명철이니라

Fear of the Lord is the foundation of wisdom.

Knowledge of the Holy One results in good judgment

잠언 9:10

• Holy One: 거룩한 자
• judgment: 분별, 판단

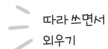

따라 쓰면서
외우기

여호와를 경외하는 것이 지혜의 근본이요

거룩하신 자를 아는 것이 명철이니라

할 수 있다! 외워서 써 보기 ✏️

_____

_____

_____

말씀으로 기도하기

겸손한 마음으로 지혜에 귀를 기울이고, 주님을 경외하는 마음을 가지고 살아가는 사람이 되게 해 주세요. 예수님 이름으로 기도합니다. 아멘.

말씀 익히기   잠언 9:9-11을 읽고 질문에 답해 보세요.

1. 본문에서 한 번도 나오지 않은 낱말은 무엇인가요? (   )

① 경외   ② 지혜   ③ 슬기   ④ 명철

2. 본문에서 '지혜'라는 낱말은 모두 몇 번 나오나요? (   )

① 한 번   ② 두 번   ③ 세 번   ④ 네 번

하나님이 지혜의 시작이에요 · 6

26 여호와를 경외하는 자에게는 <u>견고한</u> 의뢰가 있나니 그 자녀들에게 <u>피난처가</u>
　있으리라

27 여호와를 경외하는 것은 생명의 샘이니 사망의 그물에서 벗어나게 하느니라

궁금해요

• 견고하다: 굳고 단단하다
• 피난처: 재난을 피하여 거처하는 곳

년   월   일

여호와를 경외하는 사람에게는 흔들림없이 하나님만 의지하는 믿음이 생깁니다. 하나님은 그의 피난처가 되어 주시고 죽음에서 벗어나 안전하게 하십니다.

외워 보기

여호와를 경외하는 자에게는 견고한 의뢰가 있나니

그 자녀들에게 피난처가 있으리라

Those who fear the Lord are secure; he will be a refuge for their children

잠언 14:26

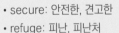

- secure: 안전한, 견고한
- refuge: 피난, 피난처

따라 쓰면서
외우기

여호와를 경외하는 자에게는 견고한

의뢰가 있나니 그 자녀들에게

피난처가 있으리라

말씀으로 기도하기

하나님을 경외하는 강한 믿음의 용사가 되게 해 주세요. 흔들림 없이 하나님을 믿기 원해요.
예수님 이름으로 기도합니다. 아멘.

말씀 익히기   다음 빈칸에 들어갈 낱말을 찾아 색칠해 보세요.

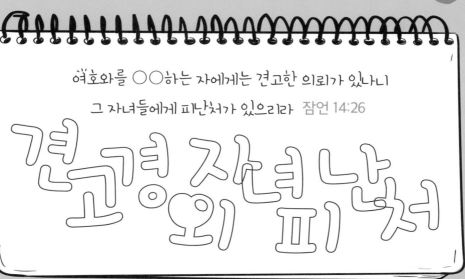

여호와를 ○○하는 자에게는 견고한 의뢰가 있나니

그 자녀들에게 피난처가 있으리라 잠언 14:26

관계의 지혜를 알고 싶어요 · 1

11 의인의 입은 생명의 샘이라도 악인의 입은 독을 머금었느니라

12 미움은 다툼을 일으켜도 사랑은 모든 허물을 가리느니라

13 명철한 자의 입술에는 지혜가 있어도 지혜 없는 자의 등을 위하여는 채찍이 있

느니라

14 지혜로운 자는 지식을 간직하거니와 미련한 자의 입은 멸망에 가까우니라

궁금해요

- 허물: 잘못 저지른 실수
- 멸망: 망하여 없어짐

어린이 잠언 한 달 쓰기

년   월   일

미움은 말썽을 일으키지만, 사랑은 다른 사람의 잘못을 용서하고 관계를 평화롭게 합니다. 슬기로운 사람은 지혜롭게 말하지만, 미련한 사람은 문제를 일으키고 스스로를 어려움에 몰아넣지요. 잠언에는 말에 대한 이야기가 150번이나 나와요. 그만큼 중요하기 때문이에요. 말이 삶을 이끌어 감을 기억하여 감사의 말을 하고 슬기로운 언어생활을 하기 바라요.

외워 보기

미움은 다툼을 일으켜도 사랑은 모든 허물을 가리느니라

Hatred stirs up quarrels, but love makes up for all offenses

잠언 10:12

• stirs up: 불러일으키다
• offense : 허물, 범죄, 위반

따라 쓰면서
외우기

미움은 다툼을 일으켜도 사랑은 모든 허물을
가리느니라

할 수 있다! 외워서 써 보기

말씀으로 기도하기

다른 사람이 잘못을 저질렀을 때 미워하며 비난하기보다는 그를 사랑하는 마음으로 대할 수 있도록 해 주세요. 그리고 좋은 말을 쓰도록 도와주세요. 예수님 이름으로 기도합니다. 아멘.

말씀 익히기   예쁘게 색칠해 보아요.

관계의 지혜를 알고 싶어요 · 2

18 훈계를 저버리는 자에게는 궁핍과 수욕이 이르거니와 경계를 받는 자는 존영을 받느니라

19 소원을 성취하면 마음에 달아도 미련한 자는 악에서 떠나기를 싫어하느니라

20 지혜로운 자와 동행하면 지혜를 얻고 미련한 자와 사귀면 해를 받느니라

21 재앙은 죄인을 따르고 선한 보응은 의인에게 이르느니라

 궁금해요

- 수욕: 부끄럽고 욕됨
- 존영: 지위가 높고 영화로움

년   월   일

교훈을 받아들이면 지혜로운 삶을 살 수 있고, 꾸지람을 받아들여 삶의 습관을 고치면 존경을 받게 됩니다. 지혜를 얻는 한 가지 방법은 친구든 선생님이든 여호와를 경외하는 지혜로운 사람과 사귀는 것입니다.

외워 보기

지혜로운 자와 동행하면 지혜를 얻고
미련한 자와 사귀면 해를 받느니라

Walk with the wise and become wise;

associate with fools and get in trouble

잠언 13:20

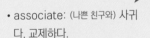

• associate: (나쁜 친구와) 사귀다, 교제하다.

따라 쓰면서 외우기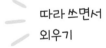

지혜로운 자와 동행하면 지혜를 얻고 미련한 자와 사귀면 해를 받느니라

할 수 있다! 외워서 써 보기 ✏️

_____

_____

_____

말씀으로 기도하기

지혜의 근본이신 하나님과 사귀고 성경 말씀의 교훈을 마음에 새겨 지혜로운 삶을 살게 해주세요. 하나님을 경외하는 사람과 어울리도록 해 주세요. 예수님 이름으로 기도합니다. 아멘.

말씀 익히기

다음 잠언 13장 20-21절 말씀에서 빈칸에 맞는 답을 찾아보세요.

(   )

🎵

지혜로운 자와 동행하면 ○○를 얻고 미련한 자와 사귀면 ○를 받느니라

재앙은 ○○을 따르고 선한 보응은 ○○에게 이르느니라

① 지혜, 해, 죄인, 의인   ② 생명, 해, 미련, 의인

③ 행복, 배, 지혜, 의인   ④ 행복, 노, 죄인, 의인

관계의 지혜를 알고 싶어요 · 3

4 여호와께서 온갖 것을 그 쓰임에 적당하게 지으셨나니 악인도 악한 날에 적당
하게 하셨느니라

5 무릇 마음이 교만한 자를 여호와께서 미워하시나니 피차 손을 잡을지라도 벌
을 면하지 못하리라

6 인자와 진리로 인하여 죄악이 속하게 되고 여호와를 경외함으로 말미암아 악
에서 떠나게 되느니라

7 사람의 행위가 여호와를 기쁘시게 하면 그 사람의 원수라도 그와 더불어 화목
하게 하시느니라

궁금해요

- 쓰임: 쓰이는 일
- 화목: 서로 뜻이 맞고 정다움

년   월   일

교만한 사람은 하나님을 떠나 스스로 잘난 체하며 살아가지만, 회개하고 돌아오면 하나님이 인자와 진리로 죄를 용서해 주세요. 사람이 악에서 떠나고 하나님을 기쁘시게 하면 그는 원수와도 화목하게 지낼 수 있습니다.

외워 보기

사람의 행위가 여호와를 기쁘시게 하면
그 사람의 원수라도 그와 더불어 화목하게 하시느니라

When people's lives please the Lord,
even their <u>enemies</u> are at peace with them

잠언 16:7

• enemy: 적군, 원수
 (복수형 enemies)

따라 쓰면서 외우기

사람의 행위가 여호와를 기쁘시게 하면
그 사람의 원수라도 그와 더불어 화목하게
하시느니라

어린이 잠언 한 달 쓰기

할 수 있다! 외워서 써 보기

_____

_____

_____

말씀으로 기도하기

하나님을 진심으로 사랑하며, 악한 길에 서지 않는 제가 되게 해 주세요. 그래서 저를 미워하는 사람들과도 잘 지낼 수 있도록 도와주세요. 예수님 이름으로 기도합니다. 아멘.

말씀 익히기

가로세로 퍼즐을 맞춰 잠언 16장 4-7절 말씀을 완성해 보세요.

가로 열쇠

1. ○○도 악한 날에 적당하게 하셨느니라(4절)
2. 사람의 행위가 여호와를 ㄱㅃㅅㄱ 하면(7절)
3. 인자와 ㅈㄹ로 인하여 죄악이 속하게 되고 (6절)
4. 무릇 마음이 ㄱㅁ한 자를 여호와께서
   미워하시나니(5절)

세로 열쇠

1. 여호와를 경외함으로 말미암아 ○○ㅅ 떠나게
   되느니라(6절)
2. 그 사람의 원수라도 그와 더불어 ㅎㅁㅎㄱ
   하시느니라(7절)

DAY 10
잠언
19:8-11

관계의 지혜를 알고 싶어요 · 4

8 지혜를 얻는 자는 자기 영혼을 사랑하고 명철을 지키는 자는 복을 얻느니라

9 거짓 증인은 벌을 면하지 못할 것이요 거짓말을 뱉는 자는 망할 것이니라

10 미련한 자가 사치하는 것이 적당하지 못하거든 하물며 종이 방백을 다스림이
  라

11 노하기를 더디 하는 것이 사람의 슬기요 허물을 용서하는 것이 자기의 영광
  이니라

궁금해요

- 증인: 어떤 사실을 증명할 수 있는 사람
- 방백: 지방 장관, 고관

48

어린이 잠언 한 달 쓰기

년   월   일

지혜로운 사람은 자기 자신을 사랑하고, 명철을 귀하게 여기는 사람은 형통합니다. 성경은 거짓말하는 사람이 망할 것이라고 경고하지요. 슬기로운 사람은 쉽게 화내지 않으며, 허물을 덮어 줍니다. 이것이 슬기로운 사람에게 영광이 됩니다.

외워 보기

노하기를 더디 하는 것이 사람의 슬기요 허물을 용서하는 것이
자기의 영광이니라

Sensible people control their temper; they earn respect

by overlooking wrongs

잠언 19:11

• sensible: 현명한
• overlooking: 눈감아 주다

따라 쓰면서
외우기

노하기를 더디 하는 것이 사람의 슬기요
허물을 용서하는 것이 자기의 영광이니라

할 수 있다! 외워서 써 보기 ✏️

_____

_____

_____

말씀으로 기도하기

조금만 손해가 나고 기분이 나쁘면 화를 내곤 했는데, 이제부터는 친구에게 쉽게 화내지 않고 친구의 잘못을 용서하는 제가 되게 해 주세요. 예수님 이름으로 기도합니다. 아멘.

말씀 익히기

다음 [보기]에서 답을 찾아 빈칸을 채워 보세요.

🎵🎵

노하기를 더디 하는 것이 사람의 □□요 허물을
용서하는 것이 자기의 □□이니라

보기   명철   벌   증인   슬기   방백   영광   거짓

관계의 지혜를 알고 싶어요 · 5

17 속이고 취한 음식물은 사람에게 맛이 좋은 듯하나 후에는 그의 입에 모래가 가득하게 되리라

18 경영은 의논함으로 성취하나니 지략을 베풀고 전쟁할지니라

19 두루 다니며 한담하는 자는 남의 비밀을 누설하나니 입술을 벌린 자를 사귀지 말지니라

 궁금해요

- 경영: 사업이나 기업 등을 계획적으로 관리하고 운영함
- 한담: 심심풀이로 이야기를 나눔

년   월   일

죄는 잠시 달콤할 수 있지만 기나긴 고통을 줍니다. 정직하지 못하면 하나님이 심판하십니다. 그리고 여러 사람에게 남의 비밀을 말하고 험담을 하는 사람을 피해야 해요. 사람의 관계를 무너뜨리고 마음을 상하게 하므로 조심해야 합니다.

외워 보기

두루 다니며 한담하는 자는 남의 비밀을 누설하나니
입술을 벌린 자를 사귀지 말지니라

A gossip goes around telling secrets,

so don't hang around with chatterers

잠언 20:19

• gossip: 소문, 가십
• chatterer: 수다쟁이

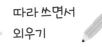 따라 쓰면서
외우기

두루 다니며 한담하는 자는 남의 비밀을
누설하나니 입술을 벌린 자를 사귀지 말지니라

할 수 있다! 외워서 써 보기

말씀으로 기도하기

뒤에서 남의 비밀을 이야기하고, 친구의 단점을 욕하는 잘못을 저질렀는데 용서해 주세요. 거짓말, 험담 등을 제 입술에서 버리고 착하고 복된 언어를 사용하게 해 주세요. 예수님 이름으로 기도합니다. 아멘.

말씀 익히기   잠언 20장 17-20절을 읽고 질문에 답해 보세요.

1. 본문에서 한 번도 나오지 않은 낱말은 무엇인가요? (   )

　① 음식물　　　　② 지략　　　　③ 지혜　　　　④ 등불

2. 잠언 20장 19절에서 어떤 자를 사귀지 말라고 했나요? (   )

　① 신실한 자　　② 많이 먹는 자　　③ 입술을 벌린 자　　④ 모래가 가득한 자

55

관계의 지혜를 알고 싶어요 · 6

25 사람을 두려워하면 올무에 걸리게 되거니와 여호와를 의지하는 자는 안전하리라

26 주권자에게 은혜를 구하는 자가 많으나 사람의 일의 작정은 여호와께로 말미암느니라

27 불의한 자는 의인에게 미움을 받고 바르게 행하는 자는 악인에게 미움을 받느니라

궁금해요

• 올무: 사람을 얽어매기 위해 꾸민 잔꾀
• 불의: 정의롭지 못하고 도리에 어긋남

년   월   일

사람에게 잘 보이고 싶고 칭찬을 받으려고 눈치를 보면 결국 올무에 걸리게 됩니다. 우리는 사람이 아니라 하나님을 바라보아야 합니다. 하나님 편에 서 있을 때 올바른 길로 걸어가고 안전합니다.

외워 보기

사람을 두려워하면 올무에 걸리게 되거니와

여호와를 의지하는 자는 안전하리라

Fearing people is a dangerous trap, but trusting the Lord means safety

잠언 29:25

• trap: 덫, 올무
• safety: 안전

따라 쓰면서
외우기

사람을 두려워하면 올무에 걸리게 되거니와
여호와를 의지하는 자는 안전하리라

어린이 잠언 한 달 쓰기

할 수 있다! 외워서 써 보기

_____

_____

_____

말씀으로 기도하기

사람에게 잘 보이고 싶고 칭찬받고 싶은 마음에 잘못된 길로 가지 않게 해 주세요. 하나님이
기뻐하시는 길을 갈 수 있도록 인도해 주세요. 예수님 이름으로 기도합니다. 아멘.

말씀 익히기

다음 [보기]에서 답을 찾아 빈칸을 채워 보세요.

사람을 두려워하면 올무에 걸리게 되거니와

여호와를 ☐☐하는 자는 안전하리라

보기   슬퍼   칭찬   의지   미워   회개   제어

DAY 13
잠언
4:23-27

좋은 습관을 갖고 싶어요 · 1

23 모든 지킬 만한 것 중에 더욱 네 마음을 지키라 생명의 근원이 이에서 남이니라

24 구부러진 말을 네 입에서 버리며 비뚤어진 말을 네 입술에서 멀리 하라

25 네 눈은 바로 보며 네 눈꺼풀은 네 앞을 곧게 살펴

26 네 발이 행할 길을 평탄하게 하며 네 모든 길을 든든히 하라

27 좌로나 우로나 치우치지 말고 네 발을 악에서 떠나게 하라

 궁금해요

- 근원: 사물이 비롯되는 근본이나 원인
- 평탄: 일이 순조롭게 되어 나감

어린이 잠언 한 달 쓰기

년   월   일

세상에서 가장 치열한 전쟁터는 사람의 마음입니다. 나는 어떤 마음으로 행동하고 있나요? 좋은 습관은 마음을 잘 지키는 데서 나와요. 보이는 대로, 들리는 대로 내 마음을 내버려두지 마요. 성경 말씀으로 분별하고, 우리의 입술을 조심하며, 바른 길로 가야 합니다.

외워 보기

모든 지킬 만한 것 중에 더욱 네 마음을 지키라
생명의 근원이 이에서 남이니라

Guard your heart above all else, for it determines the course of your life

잠언 4:23

- above : ~위에
- determine: 결정하다, 결심하다

따라 쓰면서
외우기

모든 지킬 만한 것 중에 더욱 네 마음을
지키라 생명의 근원이 이에서 남이니라

할 수 있다! 외워서 써 보기

_____

_____

_____

_____

말씀으로 기도하기

생각나는 대로, 내 기분대로 말하고 행동했던 것을 용서해 주세요. 좋은 것을 보고, 듣고, 말하고 바른 길로 가기 원합니다. 주님의 말씀으로 길을 비추어 주세요. 예수님 이름으로 기도합니다. 아멘.

말씀 익히기

잠언 4장 23절에서 모든 지킬 만한 것 중에 더욱 무엇을 지키라고 했나요? 단어를 찾아 동그라미해 보세요.

밥	마음	생명	친구
엄마	아빠	가족	생각

DAY 14
잠언
6:6-11

좋은 습관을 갖고 싶어요 · 2

6 게으른 자여 개미에게 가서 그가 하는 것을 보고 지혜를 얻으라

7 개미는 두령도 없고 감독자도 없고 통치자도 없으되

8 먹을 것을 여름 동안에 예비하며 추수 때에 양식을 모으느니라

9 게으른 자여 네가 어느 때까지 누워 있겠느냐 네가 어느 때에 잠이 깨어 일어나 겠느냐

10 좀더 자자, 좀더 졸자, 손을 모으고 좀더 누워 있자 하면

11 네 빈궁이 강도같이 오며 네 곤핍이 군사같이 이르리라

궁금해요

• 두령: 여러 사람을 거느린 우두머리
• 빈궁: 가난하여 살기가 어려움
• 곤핍: 아무것도 할 힘이 없을 만큼 몹시 지치고 고단함

어린이 잠언 한 달 쓰기

년   월   일

개미는 누가 보지 않아도 부지런히 일해요. 게으른 사람은 자기가 편한 것만 하며, 쉬운 삶을 살려고 합니다. 하나님이 우리를 사랑해서 일하시는 것처럼 우리도 주어진 일을 성실하게 잘 해야 합니다. 좋은 습관을 가지면 꿈을 펼칠 기회가 주어진답니다. 우리는 미래를 알 수 없지만 오늘 최선을 다하고 나머지는 하나님께 맡겨요.

외워 보기

게으른 자여 개미에게 가서 그가 하는 것을 보고 지혜를 얻으라

Take a lesson from the ants, you lazybones.

Learn from their ways and become wise

잠언 6:6

• lazybones: 게으름뱅이

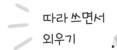

따라 쓰면서 외우기

게으른 자여 개미에게 가서 그가 하는 것을
보고 지혜를 얻으라

할 수 있다! 외워서 써 보기 ✏️

_____

_____

_____

말씀으로 기도하기

불평을 쏟아놓지 않게 하시고, 아주 작은 일이라도 성실하게 하여 기회를 붙잡게 해 주세요.
예수님 이름으로 기도합니다. 아멘.

말씀 익히기 예쁘게 색칠해 보세요.

좋은 습관을 갖고 싶어요 · 3

17 훈계를 지키는 자는 생명 길로 행하여도 징계를 버리는 자는 그릇 가느니라

18 미움을 감추는 자는 거짓된 입술을 가진 자요 중상하는 자는 미련한 자이니라

19 말이 많으면 허물을 면하기 어려우나 그 입술을 제어하는 자는 지혜가 있느니라

20 의인의 혀는 순은과 같거니와 악인의 마음은 가치가 적으니라

궁금해요

- 징계: 허물이나 잘못을 뉘우치도록 나무라며 경계함
- 중상: 근거 없는 말로 남을 헐뜯어 명예나 지위를 손상함

년   월   일

말씀 배경 알아보기

말이 많으면 실수하기 쉬워요. 그래서 항상 말을 조심해야 한답니다. 그런데 말은 마음에서 나오는 것이니 마음에 좋은 것들을 쌓아야겠지요. 성경은 여호와를 경외함으로 입술을 제어할 수 있다고 말합니다. 우리는 믿음의 말, 사람을 살리는 말을 하는 복된 사람이 되어야 합니다.

외워 보기

말이 많으면 허물을 면하기 어려우나 그 입술을 제어하는 자는 지혜가 있느니라

Too much talk leads to sin. Be <u>sensible</u> and keep your mouth shut

잠언 10:19

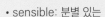

• sensible: 분별 있는

따라 쓰면서 외우기

말이 많으면 허물을 면하기 어려우나 그 입술을 제어하는 자는 지혜가 있느니라

어린이 잠언 한 달 쓰기

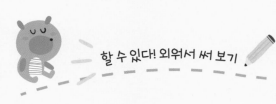

할 수 있다! 외워서 써 보기 ✏

말씀으로 기도하기

마음에 좋은 것들을 쌓아서 격려와 힘을 주는 말을 할 수 있게 해 주세요. 예수님 이름으로
기도합니다. 아멘.

말씀 익히기

다음 [보기]에서 답을 찾아 빈칸을 채워 보세요.

말이 많으면 □□을 면하기 어려우나 그 입술을
□□하는 자는 □□가 있느니라

보기   심판   비난   허물   제어   노래   지혜   은혜

좋은 습관을 갖고 싶어요 · 4

16 가산이 적어도 여호와를 경외하는 것이 크게 부하고 번뇌하는 것보다 나으니라

17 채소를 먹으며 서로 사랑하는 것이 살진 소를 먹으며 서로 미워하는 것보다 나으니라

18 분을 쉽게 내는 자는 다툼을 일으켜도 노하기를 더디 하는 자는 시비를 그치게 하느니라

19 게으른 자의 길은 가시 울타리 같으나 정직한 자의 길은 대로니라

 궁금해요

• 가산: 한집안의 재산
• 시비: 옳으니 그르니 하는 말다툼

년   월   일

행복은 마음에서 와요. 마음이 즐거우면 돈이 없어도, 예쁘지 않아도 늘 행복하답니다. 게으른 삶이 행복할 것 같지만 가시 울타리같이 고통스럽다고 성경은 말해요. 정직하고 성실한 삶 속에 행복이 있어요. 오늘 해야 할 공부를 미루면 나중엔 고통스럽지요? 미루거나 핑계대지 않고 성실하게 일을 할 때 큰길이 열립니다.

외워 보기

게으른 자의 길은 가시 울타리 같으나 정직한 자의 길은 대로니라

A lazy person's way is blocked with briers,

but the path of the upright is an open highway

잠언 15:19

• brier : 가시나무
• upright : 정직한, 똑바른

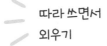

따라 쓰면서
외우기

게으른 자의 길은 가시 울타리 같으나 정직한
자의 길은 대로니라

할 수 있다! 외워서 써 보기

_____

_____

_____

말씀으로 기도하기

매순간 정직하고, 오늘 해야 할 일을 미루지 않으며, 성실하게 할 수 있도록 해 주세요. 예수님 이름으로 기도합니다. 아멘.

말씀 익히기

다음 낱말을 보고 내가 표현하고 싶은 대로 그려 보세요.

울타리	대로(大路, 큰길)

좋은 습관을 갖고 싶어요 · 5

2 사람의 행위가 자기 보기에는 모두 정직하여도 여호와는 마음을 <u>감찰</u>하시느
   니라

3 공의와 정의를 행하는 것은 제사 드리는 것보다 여호와께서 기쁘게 여기시느
   니라

4 눈이 높은 것과 마음이 <u>교만</u>한 것과 악인이 형통한 것은 다 죄니라

 궁금해요

- 감찰: 조사 또는 감독하는 일
- 교만: 잘난 체하며 뽐냄

년　　월　　일

겉으로는 착한데 마음으로 죄를 지으면 아무도 모를까요? 하나님은 마음을 자세히 살펴보시므로 숨길 수 없습니다. 교회에는 열심히 다니지만 착한 척하며 다른 사람을 업신여기거나 뒤에서 욕한다면 하나님이 기뻐하지 않으세요.

외워 보기

사람의 행위가 자기 보기에는 모두 정직하여도 여호와는 마음을
감찰하시느니라

People may be right in their own eyes, but the Lord <u>examines</u> their heart

잠언 21:2

• examine : 조사하다, 살펴보다.

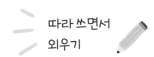

따라 쓰면서
외우기

사람의 행위가 자기 보기에는 모두 정직하여도
여호와는 마음을 감찰하시느니라

할 수 있다! 외워서 써 보기 ✏️

_____

_____

_____

말씀으로 기도하기

나와 함께하시는 하나님이 나의 마음과 행동을 아시니 나쁜 마음은 회개하고 깨끗한 마음을 가지기 원합니다. 예수님 이름으로 기도합니다. 아멘.

말씀 익히기

가로세로 퍼즐을 맞춰 잠언 21장 2-4절 말씀을 완성해 보세요.

가로 열쇠

1. 사람의 행위가 자기 보기에는 모두 ㅈㅈ하여도 (2절)
2. ㄱㅇ와 정의를 행하는 것은(3절)
3. 눈이 높은 것과 마음이 ㄱㅁㅎ 것과 (4절)

세로 열쇠

1. 여호와는 ㅁㅇ을 감찰하시느니라 (2절)
2. 공의와 ㅈㅇ를 행하는 것은(3절)
3. 악인이 ㅎㅌㅎ 것은 다 죄니라(4절)

좋은 습관을 갖고 싶어요 · 6

1   많은 재물보다 명예를 택할 것이요 은이나 금보다 은총을 더욱 택할 것이니라

2   가난한 자와 부한 자가 함께 살거니와 그 모두를 지으신 이는 여호와시니라

3   슬기로운 자는 재앙을 보면 숨어 피하여도 어리석은 자는 나가다가 해를 받느니라

4   겸손과 여호와를 경외함의 보상은 재물과 영광과 생명이니라

궁금해요

• 은총: 인류에 대한 신의 사랑
• 보상: 어떤 것에 대한 대가로 주는 것

년   월   일

많은 재물보다 명예를 선택하고, 명예보다 하나님의 은총을 선택하는 사람이 지혜롭습니다. 곧 하나님을 경외하는 사람이 지혜로운 사람입니다. 겸손하게 하나님을 경외하고 따르는 사람은 재물과 영광과 생명을 상으로 받아요.

외워 보기

겸손과 여호와를 경외함의 보상은 재물과 영광과 생명이니라

True humility and fear of the Lord lead to riches, honor, and long life

잠언 22:4

• humility : 겸손
• honor : 영광

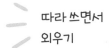

따라 쓰면서
외우기

겸손과 여호와를 경외함의 보상은 재물과
영광과 생명이니라

할 수 있다! 외워서 써 보기 ✏️

_____

_____

_____

말씀으로 기도하기

다른 무엇보다 하나님을 경외하고 겸손하며, 하나님이 기뻐하시는 것을 선택하게 해 주세요. 예수님 이름으로 기도합니다. 아멘.

말씀 익히기   다음 ㉠ ㉡에 들어갈 낱말을 찾아 선을 그어 보세요.

- -

㉠과 여호와를 경외함의 보상은 재물과 영광과 ㉡이니라 (잠언 22:4)

- -

㉠   ㉡

자랑 •   • 재앙

착함 •   • 생명

겸손 •   • 말씀

정직 •   • 명예

18 성실하게 행하는 자는 구원을 받을 것이나 굽은 길로 행하는 자는 곧 넘어지
리라

19 자기의 토지를 경작하는 자는 먹을 것이 많으려니와 방탕을 따르는 자는 궁핍
함이 많으리라

20 충성된 자는 복이 많아도 속히 부하고자 하는 자는 형벌을 면하지 못하리라

궁금해요

• 경작: 땅을 갈아 곡식이나 채소를 심어 가꾸는 것
• 방탕: 술, 도박, 주색잡기 등에 빠져 바르게 살지 못함

년   월   일

자기 일을 성실히 하는 사람은 많은 것을 얻지만, 노력하지 않고 헛된 꿈만 꾸는 사람은 아무것도 얻지 못해요. 노력 없이 빨리 무언가를 이루려는 마음을 경계해야 합니다. 과한 욕심은 멸망에 빠지게 하는 올무입니다.

외워 보기

성실하게 행하는 자는 구원을 받을 것이나
굽은 길로 행하는 자는 곧 넘어지리라

The blameless will be rescued from harm,

but the crooked will be suddenly destroyed

잠언 28:18

- blameless : 나무랄 데 없는
- harm : 해치다, 손해
- crook : 사기꾼, 굽은 것

**따라 쓰면서
외우기**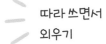

성실하게 행하는 자는 구원을 받을 것이나
굽은 길로 행하는 자는 곧 넘어지리라

할 수 있다! 외워서 써 보기 🖊

말씀으로 기도하기

하나님이 이 세상을 성실하게 창조하셨듯이, 저도 잔꾀를 부리거나 성공만 바라지 않고 정직하고 성실하게 행하도록 도와주세요. 예수님 이름으로 기도합니다. 아멘.

말씀 익히기 다음 [보기]에서 답을 찾아 열차의 빈칸을 왼쪽부터 채워 보세요.

○○하게 행하는 자는 ○○을 받을 것이나
○○ 길로 행하는 자는 곧 넘어지리라

보기 편법 성실 방탕 구원 궁핍 굽은 충성

좋은 성품을 갖고 싶어요 · 1

16 여호와께서 미워하시는 것 곧 그의 마음에 싫어하시는 것이 예닐곱 가지이니

17 곧 교만한 눈과 거짓된 혀와 무죄한 자의 피를 흘리는 손과

18 악한 계교를 꾀하는 마음과 빨리 악으로 달려가는 발과

19 거짓을 말하는 망령된 증인과 및 형제 사이를 이간하는 자이니라

궁금해요

• 계교: 이리저리 생각을 해서 낸 꾀
• 망령되다: 이치에 맞지 않고 허황하거나 주책없다

년   월   일

하나님은 무엇을 싫어하실까요? 교만한 눈, 거짓말하는 혀, 죄 없는 사람을 피 흘리게 하는 손, 흉계를 꾸미는 마음, 나쁜 일에 재빠른 발, 거짓 증언하는 사람, 친구 사이를 이간하는 사람입니다. 우리도 이것을 미워해야 해요.

외워 보기

여호와께서 미워하시는 것 곧 그의 마음에 싫어하시는 것이
예닐곱 가지이니

There are six things the Lord hates - no, seven things he detests

잠언 6:16

• detest : 혐오하다, 아주 싫어하다.

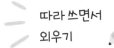

따라 쓰면서
외우기

여 호 와 께 서 미 워 하 시 는 것 곧 그 의 마 음 에
싫 어 하 시 는 것 이 예 닐 곱 가 지 이 니

할 수 있다! 외워서 써 보기 ✏️

말씀으로 기도하기

하나님이 싫어하고 미워하는 것을 피하고 하나님이 기뻐하시는 것을 선택할 수 있도록 도와 주세요. 예수님 이름으로 기도합니다. 아멘.

말씀 익히기
잠언 6절 16-19절에서 하나님이 싫어하시는 것 일곱 가지에 동그라미 쳐 보세요.

교만한 눈   거짓된 혀   무죄한 자의 피를 흘리는 손

도와주는 손   정직한 증인   악한 계교를 꾀하는 마음

빨리 악으로 달려가는 발   거짓을 말하는 망령된 증인

지혜로운 말   형제 사이 이간   바른 길로 행하는 사람

좋은 성품을 갖고 싶어요 · 2

1 속이는 저울은 여호와께서 미워하시나 공평한 추는 그가 기뻐하시느니라

2 교만이 오면 욕도 오거니와 겸손한 자에게는 지혜가 있느니라

3 정직한 자의 성실은 자기를 인도하거니와 사악한 자의 패역은 자기를 망하게
하느니라

궁금해요

- 추: 저울대 한쪽에 걸거나 저울판에 올려놓는 일정한 무게의 쇠
- 사악: 간사하고 악함

어린이 잠언 한 달 쓰기

말씀 따라 쓰기

년   월   일

말씀 배경 알아보기

하나님은 남을 속이는 것을 아주 싫어하세요. 잘난 척하다가는 창피를 당하는 법이니, 겸손하게 살아야 합니다. 정직한 사람은 바르게 살아 앞길이 열리지만 사기꾼은 속임수를 쓰다가 제 꾀에 망하고 말아요.

외워 보기

정직한 자의 성실은 자기를 인도하거니와 사악한 자의 패역은
자기를 망하게 하느니라

Honesty guides good people; dishonesty destroys treacherous people

잠언 11:3

- dishonesty : 부정, 부정직, 불성실
- treacherous : 배반하는

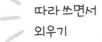

따라 쓰면서
외우기

정직한 자 의 성 실 은 자 기 를 인 도 하 거 니 와
사 악 한 자 의 패 역 은 자 기 를 망 하 게 하 느 니 라

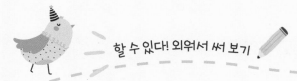

할 수 있다! 외워서 써 보기 ✏️

말씀으로 기도하기

혹시 내가 손해를 보더라도 정직하고 바르게 살도록 도와주세요. 주님의 말씀을 지킬 때 마음이 평안하고 행복할 줄 믿어요. 예수님 이름으로 기도합니다. 아멘.

말씀 익히기

예쁘게 색칠해 보세요.

좋은 성품을 갖고 싶어요 · 3

24 흩어 구제하여도 더욱 부하게 되는 일이 있나니 과도히 아껴도 가난하게 될 뿐 이니라

25 구제를 좋아하는 자는 풍족하여질 것이요 남을 윤택하게 하는 자는 자기도 윤택하여지리라

26 곡식을 내놓지 아니하는 자는 백성에게 저주를 받을 것이나 파는 자는 그의 머리에 복이 임하리라

궁금해요

• 구제: 자연적인 재해나 사회적인 피해를 당하여 어려운 처지에 있는 사람을 도와줌
• 윤택: 살림이 풍부하다

년   월   일

내 것을 움켜 쥐면 없어지고, 남에게 나누어 주면 더 부유해집니다. 지나치게 아끼면 가난하게 된답니다. 베풀고 돕는 것은 하나님께 하는 것과 같아요. 나뿐만 아니라 남도 이롭게 하는 사람이 복있는 사람이에요.

외워 보기

구제를 좋아하는 자는 풍족하여질 것이요
남을 윤택하게 하는 자는 자기도 윤택하여지리라

The generous will prosper;

those who refresh others will themselves be refreshed

잠언 11:25

- generous : 너그러운, 후한
- prosper : 번영하다, 발전하다
- refresh : 신선한, 윤택한

**따라 쓰면서
외우기**

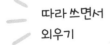

구제를 좋아하는 자는 풍족하여질 것이요 남을
윤택하게 하는 자는 자기도 윤택하여지리라

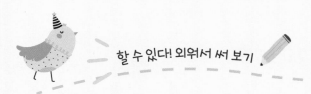

할 수 있다! 외워서 써 보기 ✏️

_____

_____

_____

_____

내 것만 챙기거나 나만 소중하게 생각하지 않고, 친구와 부모님, 이웃을 윤택하게 하는 제가 되도록 도와주세요. 예수님 이름으로 기도합니다. 아멘.

말씀 익히기

가로 세로 퍼즐을 맞춰 잠언 11장 24-26절 말씀을 완성해 보세요.

가로 열쇠

1. 흩어 **ㄱㅈ**하여도 더욱 부하게 되는 일이 있나니 (24절)

2. **ㄱㅅ**을 내놓지 아니하는 자는 백성에게 저주를 받을 것이나 (26절)

3. 남을 **ㅇㅌㅎㄱ** 하는 자는 자기도 윤택하여지리라 (25절)

세로 열쇠

3. 구제를 좋아하는 자는 **ㅍㅈㅎㅇ**질 것이요 (25절)

4. 과도히 아껴도 **ㄱㄴ**하게 될 뿐이니라 (24절)

DAY 23
잠언
15:7-9

좋은 성품을 갖고 싶어요 · 4

7 지혜로운 자의 입술은 지식을 전파하여도 미련한 자의 마음은 정함이 없느니라

8 악인의 제사는 여호와께서 미워하셔도 정직한 자의 기도는 그가 기뻐하시느
   니라

9 악인의 길은 여호와께서 미워하셔도 공의를 따라가는 자는 그가 사랑하시느
   니라

궁금해요

- 정함: 겉으로 보기에 비뚤어지거나 굽은 데가 없다
- 공의: 공평한 도리

어린이 잠언 한 달 쓰기

년   월   일

제사는 하나님께 내 몸과 마음을 드리는 거예요. 그런데 마음은 두고 제물만 드린다면 과연 하나님이 받으실까요? 그리고 나쁜 일을 하면서 드리는 제사를 하나님은 받지 않으세요. 하나님은 마음의 중심을 보시기 때문이에요. 하나님이 무엇을 기뻐하시는지 늘 생각하며 행동해야 해요.

외워 보기

악인의 제사는 여호와께서 미워하셔도 정직한 자의 기도는

그가 기뻐하시느니라

The Lord detests the <u>sacrifice</u> of the wicked, but he <u>delights</u>

in the prayers of the upright

잠언 15:8

• sacrifice : 제물
• delight : 기쁘게 하다

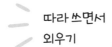

따라 쓰면서
외우기 ✏️

악인의 제사는 여호와께서 미워하셔도 정직한
자의 기도는 그가 기뻐하시느니라

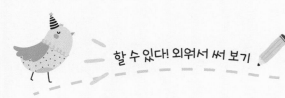 할 수 있다! 외워서 써 보기 ✏️

_____

_____

_____

말씀으로 기도하기

예배드릴 때 딴짓을 하거나 다른 생각을 하지 않고 진심으로 예배드리길 원해요. 제가 하나님께 정직하기 원합니다. 예수님 이름으로 기도합니다. 아멘.

말씀 익히기

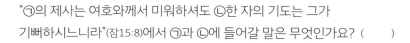

"㉠의 제사는 여호와께서 미워하셔도 ㉡한 자의 기도는 그가 기뻐하시느니라"(잠15:8)에서 ㉠과 ㉡에 들어갈 말은 무엇인가요? (　　)

① 의인-사악　　　② 악인-정직　　　③ 악인-솔직　　　④ 마음-진실

DAY 24
잠언
18:10-12

좋은 성품을 갖고 싶어요 · 5

10 여호와의 이름은 견고한 망대라 의인은 그리로 달려가서 안전함을 얻느니라

11 부자의 재물은 그의 견고한 성이라 그가 높은 성벽같이 여기느니라

12 사람의 마음의 교만은 멸망의 선봉이요 겸손은 존귀의 길잡이니라

궁금해요

• 망대: 적이나 주위의 동정을 살피기 위하여 높이 세운 곳
• 선봉: 부대의 맨 앞에 나서서 작전을 수행하는 군대

어린이 잠언 한 달 쓰기

년　월　일

말씀 배경 알아보기

여호와를 경외하는 사람은 견고한 망대에 숨은 것처럼 안전합니다. 여호와를 경외하는 사람은 겸손합니다. 교만은 여호와를 경외하지 않는 사람의 마음 중 하나예요. 사람의 마음이 교만하면 멸망하지만 겸손하면 영광이 따라옵니다.

외워 보기

사람의 마음의 교만은 멸망의 선봉이요 겸손은 존귀의 길잡이니라

Haughtiness goes before destruction; humility precedes honor

잠언 18:12

• haughtiness : 오만한, 거만한
• precede: ~에 앞서다

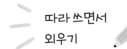

따라 쓰면서
외우기

사람의 마음의 교만은 멸망의 선봉이요 겸손은 존귀의 길잡이니라

할 수 있다! 외워서 써 보기 ✏️

_____

_____

_____

_____

말씀으로 기도하기

교만하면 망하게 되니 교만한 마음을 버리고 모든 일을 겸손하게 하는 지혜로운 사람이 되게 해 주세요. 예수님 이름으로 기도합니다. 아멘.

말씀 익히기

다음 [보기]에서 답을 찾아 빈칸을 채워 보세요.

🎵

사람의 마음의 ☐☐은 ☐☐의 선봉이요

☐☐은 ☐☐의 길잡이니라

보기

율법   교만   행복   멸망   겸손   안전   존귀   영혼

좋은 성품을 갖고 싶어요 · 6

8   너는 말 못하는 자와 모든 고독한 자의 송사를 위하여 입을 열지니라

9   너는 입을 열어 공의로 재판하여 곤고한 자와 궁핍한 자를 신원할지니라

궁금해요

- 송사: 법률상의 판결을 법원에 요구함
- 신원: 가슴에 맺힌 원한을 풀어 버림

어린이 잠언 한 달 쓰기

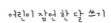

년   월   일

하나님은 말 못하는 사람, 버림받은 사람, 가난하고 소외된 사람의 친구이십니다. 고대에서 이들은 사회 약자였습니다. 하나님은 고통받는 사람이 없도록 믿는 자들이 도우라고 명령하십니다. 하나님의 자녀인 우리는 이들을 위해 기도하고, 따뜻한 마음으로 친구들을 대해야 해요.

외워 보기

너는 입을 열어 공의로 재판하여 곤고한 자와 궁핍한 자를
신원할지니라

Yes, speak up for the poor and helpless, and see that they get justice

잠언 31:9

- speak up : 큰 소리로 말하다,
  강력히 변호하다.
- justice : 정의, 공정

**따라 쓰면서
외우기**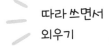

너는 입을 열어 공의로 재판하여 곤고한 자와
궁핍한 자를 신원할지니라

할 수 있다! 외워서 써 보기 ✏️

_____

_____

_____

말씀으로 기도하기

약한 사람을 돌보시는 하나님을 닮아서 저도 연약한 친구를 위해 기도하고 함부로 대하지 않겠습니다. 마음이 따뜻한 제가 되게 해 주세요. 예수님 이름으로 기도합니다. 아멘.

말씀 익히기   잠언 31장 8-9절을 읽고 질문에 답해 보세요.

1. 본문에서 한 번도 나오지 않은 낱말은 무엇인가요? (   )

　① 고독　　　　　② 사랑　　　　　③ 공의　　　　　④ 신원

2. '공의'라는 낱말은 몇 번 나오나요? (   )

　① 한 번　　　　　② 두 번　　　　　③ 세 번　　　　　④ 네 번

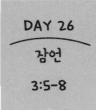

하나님이 꿈을 주셨어요 · 1

5 너는 마음을 다하여 여호와를 신뢰하고 네 명철을 의지하지 말라

6 너는 <u>범사</u>에 그를 인정하라 그리하면 네 길을 지도하시리라

7 스스로 지혜롭게 여기지 말지어다 여호와를 경외하며 악을 떠날지어다

8 이것이 네 몸에 <u>양약</u>이 되어 네 골수를 윤택하게 하리라

궁금해요

- 범사: 모든 일
- 양약: 효과가 있는 좋은 약

년   월   일

사랑은 신뢰입니다. 하나님이 선하시며, 온 세상을 다스리시고, 모든 일을 아시는 전능하신 분임을 믿는다면, 나의 장래도 선하게 이끄심을 믿고 따르게 됩니다. 스스로 지혜롭게 여기지 말고 하나님께 기도하며 장래 일을 계획하세요.

외워 보기

너는 범사에 그를 인정하라 그리하면 네 길을 지도하시리라

Seek his will in all you do, and he will show you which path to take

잠언 3:6

• path to : ~로 가는 길

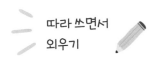

따라 쓰면서
외우기

너는 범사에 그를 인정하라 그리하면 네 길을
지도하시리라

_____

_____

_____

_____

말씀으로 기도하기

저를 사랑하시고, 저보다 저를 더 잘 아시는 하나님이시니 제 길을 지도해 주세요. 예수님 이름으로 기도합니다. 아멘.

말씀 익히기   다음 빈칸에 들어갈 낱말을 찾아 색칠해 보세요.

너는 범사에 그를 ○○하라 그리하면 네 길을 지도하시리라

지도 음 정 택
마 인 윤

하나님이 꿈을 주셨어요 · 2

10 내 아들아 들으라 내 말을 받으라 그리하면 네 생명의 해가 길리라

11 내가 지혜로운 길을 네게 가르쳤으며 정직한 길로 너를 인도하였은즉

12 다닐 때에 네 걸음이 곤고하지 아니하겠고 달려갈 때에 실족하지 아니하리라

13 훈계를 굳게 잡아 놓치지 말고 지키라 이것이 네 생명이니라

궁금해요

- 곤고하다: 어렵고 고생스럽다
- 실족하다: 발을 잘못 디디다. 행동을 잘못하다

어린이 잠언 한 달 쓰기

말씀 따라 쓰기

년   월   일

솔로몬은 아들에게 아버지의 말씀을 주의해 들으라고 이야기합니다. 그는 지혜로운 길, 바른 길로 걸어가라고 권면하지요. 부모님도 우리를 가르치십니다. 부모님이 가르쳐 주신 하나님의 말씀을 굳게 붙잡고 지키며 살아갈 때 악한 길로 가지 않고 생명의 길로 갑니다.

외워 보기

훈계를 굳게 잡아 놓치지 말고 지키라 이것이 네 생명이니라

Take hold of my instructions; don't let them go.

Guard them, for they are the key to life

잠언 4:13

• instruction : 교훈, 훈계

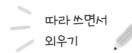

따라 쓰면서
외우기

훈계를 굳게 잡아 놓치지 말고 지키라 이것이
네 생명이니라

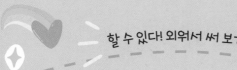

할 수 있다! 외워서 써 보기

말씀으로 기도하기

부모님의 말씀에 순종하고 하나님의 말씀을 마음에 새겨 바른 길로 걸어가도록 인도해 주세요. 예수님 이름으로 기도합니다. 아멘.

말씀 익히기

"⊙를 굳게 잡아 놓치지 말고 지키라 이것이 네 ⓛ이니라"(잠언 4:13)에서 ⊙와 ⓛ에 들어갈 말은 무엇인가요? (   )

① 사랑-명철   ② 훈계-실족   ③ 훈계-생명   ④ 사악-악인

하나님이 꿈을 주셨어요 · 3

1 마음의 경영은 사람에게 있어도 말의 응답은 여호와께로부터 나오느니라

2 사람의 행위가 자기 보기에는 모두 깨끗하여도 여호와는 심령을 감찰하시느니라

3 너의 행사를 여호와께 맡기라 그리하면 네가 경영하는 것이 이루어지리라

궁금해요

• 응답: 부름이나 물음에 응하여 답함
• 행사: 어떤 동작이나 일

년　　　월　　　일

사람은 꿈을 이루기 위해 계획하고 노력해야 해요. 그러나 그 수고의 결과는 하나님께 맡겨야 합니다. 알라딘의 램프 요정 지니에게 소원을 말하는 것처럼 하나님께 내 소원을 이뤄달라고 떼쓰면 안 되요. 하나님의 인도하심을 간구하며 노력할 때 하나님이 꿈을 이루어 주십니다.

외워 보기

너의 행사를 여호와께 맡기라
그리하면 네가 경영하는 것이 이루어지리라
Commit your actions to the Lord, and your plans will succeed

잠언 16:3

• Commit to : 위임하다, 내맡기다

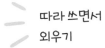

따라 쓰면서
외우기

너의 행사를 여호와께 맡기라 그리하면 네가
경영하는 것이 이루어지리라

할 수 있다! 외워서 써 보기

말씀으로 기도하기

하나님, 저에게 주신 꿈을 찾도록 인도해 주세요. 그 꿈을 이루기 위해 기쁜 마음으로 최선을
다하도록 도와주세요. 예수님 이름으로 기도합니다.

말씀 익히기

예쁘게 색칠해 보세요.

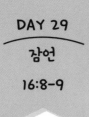

하나님이 꿈을 주셨어요 · 4

8 적은 소득이 공의를 겸하면 많은 소득이 불의를 겸한 것보다 나으니라

9 사람이 마음으로 자기의 길을 계획할지라도 그의 걸음을 인도하시는 이는
여호와시니라

궁금해요

• 인도하다: 안내하여 이끌다

어린이 잠언 한 달 쓰기

년 월 일

말씀 배경 알아보기

하나님은 우리에게 어울리는 성품과 재능을 주셨어요. 내 성품과 취미, 관심 분야 등을 노트에 적어 보세요. 아직 못 찾았거나 개발되지 못한 부분도 많으니 꿈이 없거나 여러 번 바뀐다고 해도 괜찮습니다. 여러분에게는 무한한 잠재력이 있어요. 하나님은 계획을 이루시는 분이니 그분께 맡기며 나아가요.

외워 보기

사람이 마음으로 자기의 길을 계획할지라도
그의 걸음을 인도하시는 이는 여호와시니라

We can make our plans, but the Lord determines our steps

잠언 16:9

• step : 단계, (발)걸음

따라 쓰면서
외우기 ✏️

사람이 마음으로 자기의 길을 계획할지라도
그의 걸음을 인도하시는 이는 여호와시니라

할 수 있다! 외워서 써 보기

_____

_____

_____

말씀으로 기도하기

주님, 제가 잘하고 행복하게 할 수 있는 것을 찾도록 도와주세요. 저의 잠재력을 개발시켜 주세요. 예수님 이름으로 기도합니다. 아멘.

말씀 익히기

다음 [보기]에서 답을 찾아 열차의 빈칸을 왼쪽부터 채워 보세요.

사람이 ○○으로 자기의 ○을 계획할지라도
그의 ○○을 인도하시는 이는 ○○○시니라

보기

자기　마음　길　구원　걸음　굽은　여호와　예수님

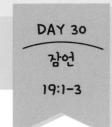

하나님이 꿈을 주셨어요 · 5

1 가난하여도 성실하게 행하는 자는 입술이 패역하고 미련한 자보다 나으니라

2 지식 없는 소원은 선하지 못하고 발이 급한 사람은 잘못 가느니라

3 사람이 미련하므로 자기 길을 굽게 하고 마음으로 여호와를 원망하느니라

궁금해요

• 성실하다: 정성스럽고 참되다

어린이 잠언 한 달 쓰기

년   월   일

거짓말하며 미련하게 사는 것보다 가난해도 여호와를 경외하면서 성실하게 살아가는 것이 지혜로워요. 지식이 없는데 성급하게 결정하면서 행동하는 것은 좋지 않아요. 서두르면 오히려 일을 망치게 됩니다. 차근차근 준비하며 기초를 잘 쌓는 것이 중요해요.

외워 보기

지식 없는 소원은 선하지 못하고 발이 급한 사람은 잘못 가느니라

Enthusiasm without knowledge is no good; haste makes mistakes

잠언 19:2

- Enthusiasm : 열광, 열정
- haste : 서두르다, 성급함

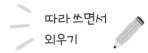

따라 쓰면서 외우기

지식 없는 소원은 선하지 못하고 발이 급한 사람은 잘못 가느니라

어린이 잠언 한 달 쓰기

할 수 있다! 외워서 써 보기

_____

_____

_____

말씀으로 기도하기

하나님이 주신 꿈을 이루기 위해 성급하게 결정하거나 서두르지 않고, 하나님을 경외하며 열심히 노력하는 제가 되길 원합니다. 예수님 이름으로 기도합니다. 아멘.

말씀 익히기

가로 세로 퍼즐을 맞춰 잠언 19장 1-3절 말씀을 완성해 보세요.

3		3		1
		1		
		2		
2				

가로 열쇠

1. 지식 없는 소원은 **ㅅㅎㅈ** 못하고 (2절)

2. **ㅅㄹㅇ** 미련하므로 자기 길을 굽게 하고 (3절)

3. **ㅁㅇ**으로 여호와를 원망하느니라 (3절)

세로 열쇠

1. 가난하여도 **ㅅㅅㅎㄱ** 행하는 자는 (1절)

2. **ㅂㅇ** 급한 사람은 잘못 가느니라 (2절)

3. **ㅇㅅ**이 패역하고 미련한 자보다 나으니라 (1절)

하나님이 꿈을 주셨어요 · 6

15 내 아들아 만일 네 마음이 지혜로우면 나 곧 내 마음이 즐겁겠고

16 만일 네 입술이 정직을 말하면 내 속이 유쾌하리라

17 네 마음으로 죄인의 형통을 부러워하지 말고 항상 여호와를 경외하라

18 정녕히 네 장래가 있겠고 네 소망이 끊어지지 아니하리라

궁금해요

• 형통하다: 모든 일이 뜻과 같이 잘되어 가다

어린이 잠언 한 달 쓰기

년	월	일

편법을 쓰는 사람들이 잘되는 것을 부러워하지 말고 날마다 하나님을 경외하는 지혜로운 사람이 되세요. 그러면 하나님의 마음이 즐겁겠다고 성경은 말합니다. 하나님의 마음을 즐겁게 해드리면 장래와 소망이 끊이지 않는 복이 따라오게 됩니다. 하나님이 복된 길로 이끌어 주십니다.

외워 보기

네 마음으로 죄인의 형통을 부러워하지 말고
항상 여호와를 경외하라

Don't envy sinners, but always continue to fear the Lord

잠언 23:17

• envy : 부러워하다

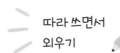

따라 쓰면서 외우기

네 마음으로 죄인의 형통을 부러워하지 말고
항상 여호와를 경외하라

할 수 있다! 외워서 써 보기

_____

_____

_____

말씀으로 기도하기

악한 사람들이 잘되는 것을 부러워하지 않고 주님을 경외하는 지혜로운 사람이 되게 해 주세요. 저에게 꿈을 주시고 소망을 이루어 주실 줄 믿어요. 예수님 이름으로 기도합니다. 아멘.

말씀 익히기

"네 마음으로 죄인의 형통을 부러워하지 말고 항상 OOO를 경외하라"(잠언 23:17) 말씀에서 OOO에 들어갈 단어에 동그라미를 하세요.

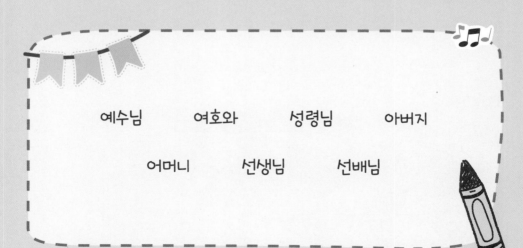

예수님   여호와   성령님   아버지

어머니   선생님   선배님

Day 01

경외 / 근본 / 지혜 / 훈계 / 법 / 금사슬

Day 02

1지	혜		2온		
식		2완	전	한	
			한		3공
			3정		의

Day 03 진주-사모-비교

Day 05 1. ③/ 2. ④

Day 06 경외

Day 08 ①

Day 04

경외 / 교만 / 패역 / 잠언 8:13

Day 09

¹악	인				²화
에		³진	리		목
서					하
		²기	쁘	시	게
⁴교	만				

Day 10 슬기-영광

Day 11 1. ③ / 2. ③

Day 12 의지

Day 13 마음

Day 15 허물-제어-지혜

Day 17

	²정	¹마		
²공	의	음	³형	
			통	
		³교	만	한
¹정	직			

Day 18 겸손-생명

Day 19

성 실 구 원 굽 은

Day 20 교만한 눈, 거짓된 혀, 무죄한 자의 피를 흘리는 손,
        악한 계교를 꾀하는 마음, 빨리 악으로 달려가는 발,
        거짓을 말하는 망령된 증인, 형제 사이 이간

Day 22

²곡	식			
	¹구	제	³풍	
			족	
⁴가	³윤	택	하	게
난			여	

Day 23 ②
Day 24 교만-멸망-겸손-존귀
Day 25 1. ②/ 2. ①
Day 26 인정
Day 27 ③

Day 29

마음   길   걸음   여호와

Day 30

Day 31 여호와

³입		³마	음	¹성
술				실
		¹선	하	지
		²발	게	
²사	람	이		

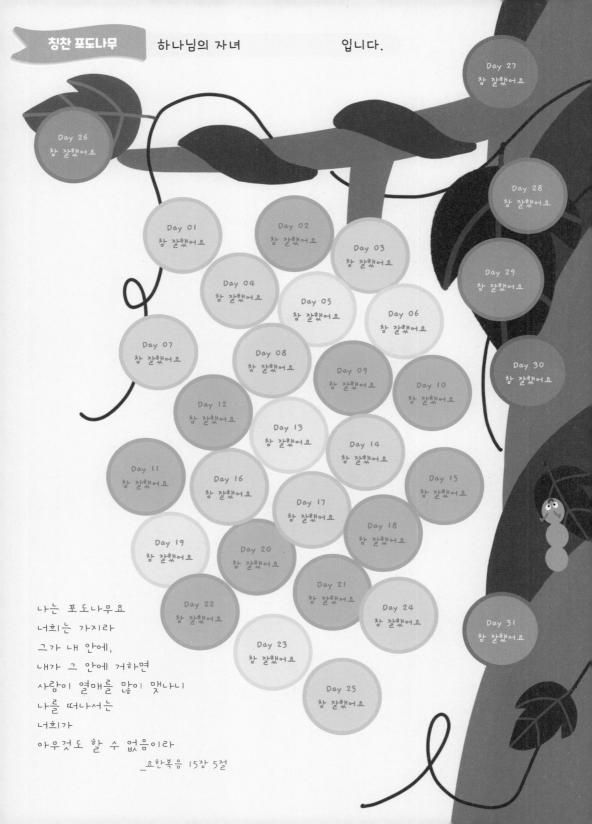

Day 01

여호와를 경외하는 것이 지식의 근본이거늘 미련한 자는 지혜와 훈계를 멸시하느니라

잠언 1:7

Day 02

대저 여호와는 지혜를 주시며 지식과 명철을 그 입에서 내심이며

잠언 2:6

Day 03

지혜는 진주보다 귀하니 네가 사모하는 모든 것으로도 이에 비교할 수 없도다

잠언 3:15

Day 04

여호와를 경외하는 것은 악을 미워하는 것이라 나는 교만과 거만과 악한 행실과 패역한 입을 미워하느니라

잠언 8:13

Day 05

여호와를 경외하는 것이 지혜의 근본이요 거룩하신 자를 아는 것이 명철이니라

잠언 9:10

Day 06

여호와를 경외하는 자에게는 견고한 의뢰가 있나니 그 자녀들에게 피난처가 있으리라

잠언 14:26

Day 07

미움은 다툼을 일으켜도 사랑은 모든 허물을 가리느니라

잠언 10:12

Day 08

지혜로운 자와 동행하면 지혜를 얻고 미련한 자와 사귀면 해를 받느니라

잠언 13:20

* 말씀 카드를 오려서 쓰세요

Day 09

사람의 행위가 여호와를 기
쁘시게 하면 그 사람의 원
수라도 그와 더불어 화목하
게 하시느니라

잠언 16:7

Day 10

노하기를 더디 하는 것이 사
람의 슬기요 허물을 용서하
는 것이 자기의 영광이니라

잠언 19:11

Day 11

두루 다니며 한담하는 자는
남의 비밀을 누설하나니 입
술을 벌린 자를 사귀지 말
지니라

잠언 20:19

Day 12

사람을 두려워하면 올무에
걸리게 되거니와 여호와를
의지하는 자는 안전하리라

잠언 29:25

Day 13

모든 지킬 만한 것 중에 더
욱 네 마음을 지키라 생명
의 근원이 이에서 남이니라

잠언 4:23

Day 14

게으른 자여 개미에게 가서
그가 하는 것을 보고 지혜
를 얻으라

잠언 6:6

Day 15

말이 많으면 허물을 면하기
어려우나 그 입술을 제어하
는 자는 지혜가 있느니라

잠언 10:19

Day 16

게으른 자의 길은 가시 울
타리 같으나 정직한 자의
길은 대로니라

잠언 15:19

Day 17

사람의 행위가 자기 보기에
는 모두 정직하여도 여호와
는 마음을 감찰하시느니라
잠언 21:2

Day 18

겸손과 여호와를 경외함의
보상은 재물과 영광과 생명
이니라
잠언 22:4

Day 19

성실하게 행하는 자는 구원
을 받을 것이나 굽은 길로
행하는 자는 곧 넘어지리라
잠언 28:18

Day 20

여호와께서 미워하시는 것
곧 그의 마음에 싫어하시는
것이 예닐곱 가지이니
잠언 6:16

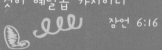

Day 21

정직한 자의 성실은 자기를
인도하거니와 사악한 자의
패역은 자기를 망하게 하느
니라
잠언 11:3

Day 22

구제를 좋아하는 자는 풍족
하여질 것이요 남을 윤택하
게 하는 자는 자기도 윤택
하여지리라
잠언 11:25

Day 23

악인의 제사는 여호와께서
미워하셔도 정직한 자의 기
도는 그가 기뻐하시느니라
잠언 15:8

Day 24

사람의 마음의 교만은 멸망
의 선봉이요 겸손은 존귀의
길잡이니라
잠언 18:12

Day 25

너는 입을 열어 공의로 재
판하여 곤고한 자와 궁핍한
자를 신원할지니라

잠언 31:9

Day 26

너는 범사에 그를 인정하라
그리하면 네 길을 지도하시
리라

잠언 3:6

Day 27

훈계를 굳게 잡아 놓치지
말고 지키라 이것이 네 생
명이니라

잠언 4:13

Day 28

너의 행사를 여호와께 맡기라
그리하면 네가 경영하는 것이
이루어지리라

잠언 16:3

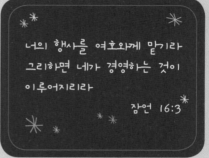

Day 29

사람이 마음으로 자기의 길
을 계획할지라도 그의 걸음
을 인도하시는 이는 여호와
시니라

잠언 16:9

Day 30

지식 없는 소원은 선하지
못하고 발이 급한 사람은
잘못 가느니라

잠언 19:2

Day 31

네 마음으로 죄인의 형통을
부러워하지 말고 항상 여호
와를 경외하라

잠언 23:17